Textbearbeitungen für diese Ausgabe: Julia Hofmann
Illustration: Peter Friedl

Texte: Sandra Grimm
Illustrationen: Peter Friedl
Herstellung: Derya Yildirim
Lithografie: ReproTechnik Fromme, Hamburg
ISBN 978-3-551-17018-7

carlsen.de

Mit Fragen zur Produktsicherheit wenden Sie sich bitte an:
carlsen.de/kontakt

Mein erstes Vorlesebuch für kleine starke Kinder

CARLSEN

Inhalt

Aufgepasst! Zu jeder Geschichte findest du am Ende eine bunte Extraseite mit vielen kleinen Bildern, die auch in den Geschichten versteckt sind. Ob du wohl alle wiederentdeckst?

Jetzt wird repariert

Jakob, Conni, Mama und Papa haben es sich im Wohnzimmer gemütlich gemacht. Jakob spielt mit seiner Eisenbahn. Doch nanu? Die Lok fährt nicht mehr! „Papa!“, ruft Jakob. „Die Batterie ist leer.“ Papa sieht sich die Lok an. „Da brauchen wir einen kleinen Schraubenzieher aus dem Keller“, murmelt er. „Hilfst du mir?“ Klar. Gemeinsam gehen Jakob und Papa die Treppe hinunter.

Papa öffnet die Tür zum Werkzeugkeller. Da hält er plötzlich die Klinke in der Hand. „Hoppla!", brummt er erstaunt. Jakob lacht: „Noch was zum Reparieren. Dazu brauchen wir auch einen Schraubenzieher, oder?" Papa nickt. Gut, dass Jakob sich auskennt!

Papa drückt auf den Lichtschalter. Peng!, macht es, dann ist es dunkel. „Ja, geht denn heute alles kaputt?“, grummelt Papa ärgerlich. Jakob kichert. Dann überlegt er und hat eine tolle Idee. „Keine Angst, ich helfe dir“, sagt er, flitzt schnell ins Kinderzimmer und holt seine Taschenlampe. Knips! Schon ist es heller. „So, Papa, jetzt siehst du mehr!“, freut sich Jakob und Papa freut sich auch.

Jakob leuchtet für Papa. Bald haben sie alles gefunden, Glühlampen und Trittleiter. Jakob stellt die Leiter auf, damit Papa die neue Glühbirne eindrehen kann. Es wird wieder richtig hell. „Prima!“, ruft Jakob.

Danach hält er den Türgriff fest, während Papa ihn anschraubt. „Der sitzt fest“, sagt Papa. „Und mit meiner Hilfe!“, ruft Jakob stolz.

Papa zeigt Jakob, wie man die Batterie wechselt. Jakob schaut genau zu und schraubt dann die Verschlusskappe wieder fest. „Fertig“, strahlt Jakob und lässt die Lok gleich zu Conni sausen. „Du bist wirklich eine große Hilfe“, sagt Papa. „Ja“, findet Jakob. „Zuerst hast du alles kaputt gemacht, aber dann haben wir es repariert. Gut, dass du mich hast.“

Das findet Papa auch. Und da hat Papa eine tolle Idee. „Wollen wir jetzt dein neues Regal aufbauen?“, schlägt er vor. Das lässt Jakob sich nicht zweimal sagen. Schon geht es an die Arbeit. Papa hält und Jakob schraubt. Wie ein echter Handwerker!

Hast du in dieser Handwerkergeschichte diese Bilder entdeckt? Komm, lass uns suchen!

der Werkzeugkasten

der Bohrmaschinen-Koffer

die Zange

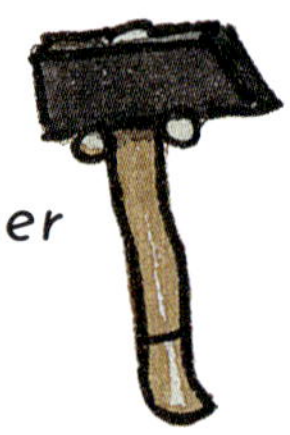

der Hammer

die Säge

der Schraubenzieher

das Nähgarn

das Bild

die Schneeschaufel

der Handfeger

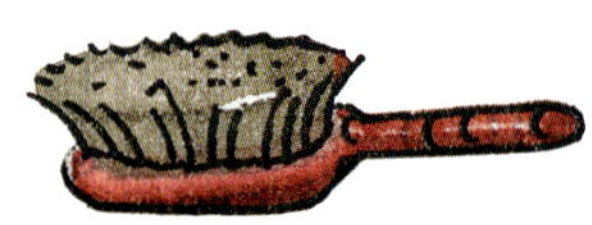

der Turm

Übernachten bei Oma und Opa

„Hallo, Opa“, ruft Jakob fröhlich. Er läuft in Opas Arme und drückt ihm seinen kleinen Rucksack in die Hand. Er darf nämlich heute bei Oma und Opa übernachten!

„Die Blumen sind für dich, Oma“, sagt Jakob.

Jakob kuschelt noch mal mit Mama. „Du kommst morgen bestimmt wieder?“, fragt er. Mama nickt. Da lächelt Jakob.

Er winkt und geht mit Opa und Oma ins Haus. Jetzt zeigt er den beiden erst einmal, was er alles mitgebracht hat. Die grünen Hausschuhe, seinen Wecker, das rote Auto und die Zahnbürste natürlich auch.
Dann macht Oma das Bett im Gästezimmer fertig. Jakob mag das Zimmer nicht. „Hier soll ich schlafen? Allein?", fragt er. Oma lächelt. „Nein. Hier schläft Opa. Der muss nämlich raus aus dem großen Bett, damit wir beide genug Platz haben." Jakob lacht. „Au ja!"

Bei Oma und Opa darf man heute Abendbrot im großen Sessel essen. „Das ist so gemütlich“, schmatzt Jakob. Opa brummt. Er findet das auch. „Und was kommt jetzt?“, fragt Oma nach dem Essen. Jakob überlegt. „Zähne putzen, umziehen, Geschichte erzählen“, sagt er.

Wie der Blitz ist Jakob im Bad fertig. Ganz alleine schafft er das. Jakob ist ja schon groß. Und schon schlüpft er unter die Bettdecke. Oma auch. Das ist schön kuschelig. Jakob darf sein Licht ausmachen. Er drückt Knabberzahn fest an sich. „Oma, bitte eine Geschichte von meinem Kuschelhasen“, wünscht sich Jakob. Oma erzählt. Ganz leise. So leise, dass Jakob gut einschläft.

„Guten Morgen“, ruft Jakob. „Ich bin aufgewacht. In deinem Bett, Opa!“ Opa lacht. „Jetzt hast du bestimmt Hunger, oder?“, fragt Opa und schmiert Jakob schnell ein Brötchen. „Ja, sehr!“, antwortet Jakob und beißt in sein Käsebrötchen. Mhh, das schmeckt.
„Hör mal, wer da kommt“, sagt Oma plötzlich. Jakob dreht sich um. „Mama!“, ruft er. „Ich hab allein bei Oma und Opa geschlafen!“ Mama breitet die Arme aus. „Toll“, ruft sie. „Mein großer Jakob!“

Hast du in dieser Übernachtungs-Geschichte diese Bilder entdeckt? Komm, lass uns suchen!

der Koffer

der Trinkbecher

das Auto

die Schachfigur

der Fisch

der Wecker

die Nachttischlampe

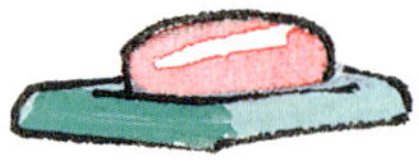

die Seife

die Eulenfigur

die Teekanne

der Blumenstrauß

Haare waschen leicht gemacht

Jakob und Conni spielen im Regen. Hui, wie schön das matscht!
„Nanu, wie seht ihr denn aus?“, ruft Mama lachend. „Jetzt aber husch, husch in die Wanne!“
Mama zieht Jakob die schmutzigen Sachen aus. Conni kann das allein.

Ahh, in der Wanne ist es schön warm! Conni spült sich den Schaum aus den Haaren.
Jakob lässt sein Schiffchen durch Eisberge fahren. Achtung, gleich geht das Schiff unter!

„So, jetzt spülen wir deinen Schaum aus“, sagt Mama. Aber Jakob will nicht: „Da läuft mir das Wasser in die Augen!“

Mama macht Jakob Katzenohren und Schnurrhaare aus Schaum. „Du siehst lustig aus, Jakob!“, ruft Conni. „Wie ein kleiner Wasserkater!“ Jakob lacht. Aber auswaschen will er immer noch nicht.

Plötzlich hat Mama eine Idee. Sie kramt in der Badesachen-Kiste. „Da fehlen noch Katzenaugen! Hier, setz die mal auf. Damit kommt kein einziger Tropfen in die Augen!“

Jakob setzt die Taucherbrille auf. Jetzt darf Mama die Haare auswaschen. Das dauert gar nicht lange. Jakob strahlt. „Fertig!“

Mama nimmt Jakob die Brille wieder ab und hilft ihm beim Abtrocknen. „Du bist der sauberste Wasserkater der Welt“, sagt sie. „Und der mutigste“, findet Jakob.

„Jetzt will ich Kater Mau waschen!“, sagt Jakob, als Mama ihm die Haare föhnt. Mama lacht. „Katzen waschen sich nicht. Sie lecken ihr Fell mit der Zunge sauber. Soll ich das auch mal bei dir machen?“ Mama streckt ihre Zunge raus. „Nein!“ Jakob kichert. „Ich wasch mich lieber!“

Hast du in dieser Haarewasch-Geschichte diese Bilder entdeckt? Komm, lass uns suchen!

die Badeente

die Schwimmbrille

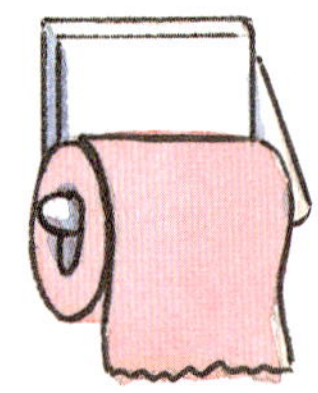

das Floß

das Müllauto

die Socke

der Krake

das Boot

der Zahnputzbecher

der Schuh

der Badeschwamm

Die Kinderärztin hilft

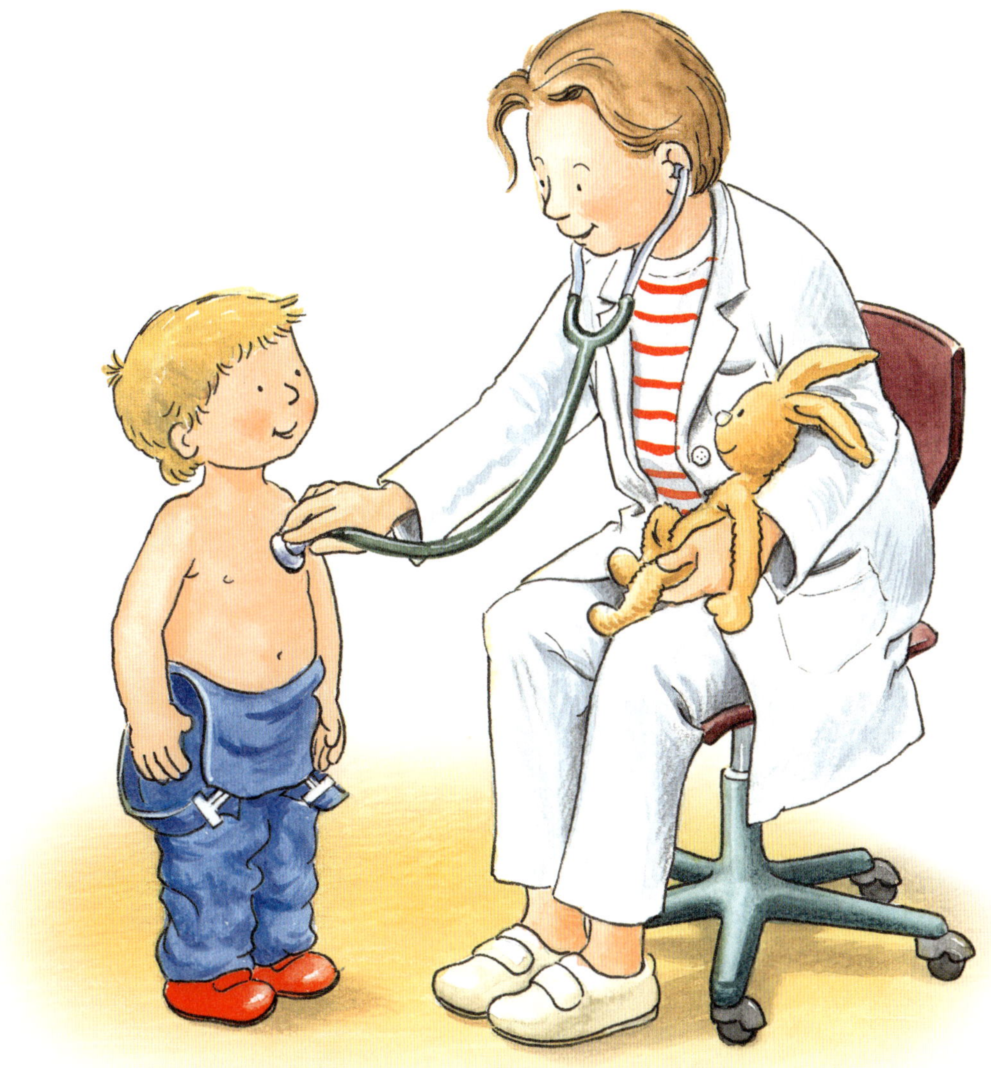

Hatschi! Jakob niest. Er sitzt im Wartezimmer der Kinderärztin. Hatschi! Das war jetzt aber ein anderer Junge, der geniest hat.

„Hast du auch Schnupfen?“, fragt Jakob. Der Junge nickt. Dann spielen sie zusammen mit der Eisenbahn und dem Rennauto. „Jakob?“ Oh, wer ruft denn da? Es ist die Ärztin. Jakob darf jetzt ins Untersuchungszimmer kommen – mit Mama.

Gemeinsam folgen sie der Kinderärztin in den Untersuchungsraum. Jakob bleibt dicht neben Mama stehen. „Hallo, Jakob“, begrüßt die Ärztin ihn. „Warum besuchst du mich?“

„Knabberzahn hat Husten und Schnupfen!“, sagt Jakob und zeigt der Ärztin den Kuschelhasen. Ob sie ihn untersuchen wird?

Die Ärztin lächelt. „Schau mal, Kuschelhase", sagt sie. „Dies ist ein Stethoskop. Damit höre ich dein Herz und wie du atmest. Mit dem Otoskop sehe ich in deine Ohren. Und jetzt gucke ich in deinen Hals." Aber der Hase will den Mund nicht aufmachen. Was nun? „Darf ich mal in deinen Hals gucken, Jakob?", fragt die Ärztin. Jakob nickt. Nun untersucht die Ärztin auch Jakob. Sie macht alles genau wie bei seinem Kuschelhasen.

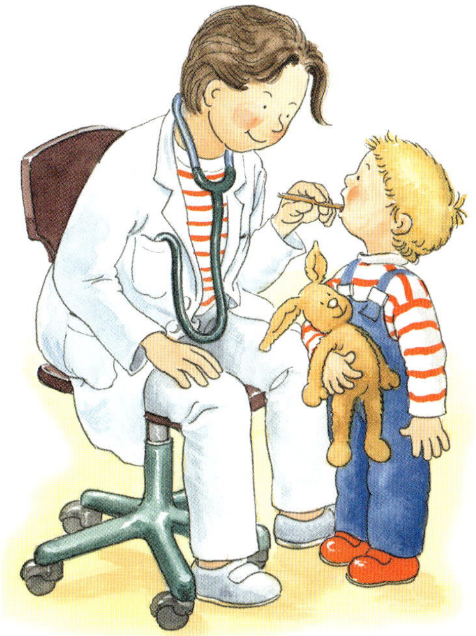

Plötzlich ruft Jakob: „Du hast ja meine Ohren vergessen!“ Die Ärztin lacht. „Stimmt! Das hast du dir gut gemerkt!“ Und das Otoskop für die Ohren hat Jakob schon entdeckt.

Jetzt ist Jakob fertig. Die Ärztin sagt: „Dein Kuschelhase muss die nächsten Tage viel schlafen und trinken. Und dir gebe ich ein Rezept für Hustensaft. Den kannst du mit deiner Mama aus der Apotheke holen. Gute Besserung für dich und den Kuschelhasen!“

Hast du in dieser Kinderarzt-Geschichte diese Bilder entdeckt? Komm, lass uns suchen!

das Bonbonglas

die Pflanze

die Handtasche

das Bild

die Spielzeugkiste

das Kissen

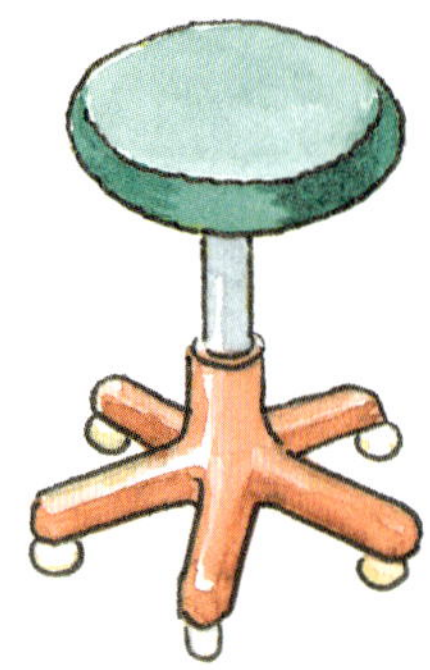

der Hocker

der Gipsarm

das Rezept

die Lokomotive

die Blumenvase

Ausflug mit dem Zug

Heute fährt Jakob mit Papa zu Oma Frieda – mit dem Zug! Der schnelle ICE steht schon am Gleis. Gleich gehen die Türen auf. „Komm, Papa“, ruft Jakob. Schnell noch

den kleinen Rucksack aufsetzen und Knabberzahn gut festhalten, dann verabschieden sich Jakob und Papa von Mama und Conni und steigen ein.

Jakob und Papa haben ihre Plätze gefunden. Da kommt der Zugbegleiter. „Die Fahrkarten, bitte“, sagt er. Dann stempelt er Jakobs Fahrkarte ab. „Verkaufen Sie auch etwas zu essen?“, fragt Jakob. „Nein“, lacht der Zugbegleiter.

„Aber gleich kommt jemand mit dem Bistrowagen.“ Jakob hat schon Hunger. „Ein Brötchen darfst du“, erlaubt Papa. Und das kauft Jakob sich ganz allein, als die nette Frau mit den Bistrowagen an ihren Platz kommt.

Der ICE braust schnell über die Gleise und bald sind sie schon im nächsten Bahnhof. Jakob und Papa müssen sich beeilen: Sie wollen umsteigen! Der Regionalexpress wartet

am anderen Gleis. „Da steht schon der Schaffner“, ruft Jakob aufgeregt. Tatsächlich hält der Zugbegleiter bereits das Signalschild in die Höhe. Aber zum Glück dürfen Jakob und Papa noch bei ihm an der Tür einsteigen. Puh, gerade noch geschafft. Abfahrt!

In diesem Zug kann Jakob sogar in den Lokstand schauen. Jakob sieht viele Hebel und Knöpfe. Er beobachtet genau, was der Lokführer tut. „Ich werde auch Lokführer!“, sagt Jakob. Papa lächelt. Einen Zug zu steuern findet er auch spannend. „Der Zug fährt schnell! Aber nicht so schnell wie der ICE, oder, Papa?“, fragt Jakob. Papa nickt.

Leider kann Jakob nicht mehr länger zugucken. „Papa, ich muss mal!“, sagt er. Papa sucht mit Jakob die Zugtoilette. Ganz schön eng und sehr ruckelig ist es dadrin, findet Jakob. Aber es klappt mit Papas Hilfe. Hände waschen, fertig!

Endlich kommen Jakob und Papa an. Oma wirbelt Jakob herum. Und sie hat eine Überraschung: Sie geht mit ihnen eine alte Dampflok besichtigen! Jakob guckt sich alles genau an – die alte schwarze Lok ist ganz anders als die schnellen Züge. „Eine Dampflok braucht Kohlen, die in einen Feuerkessel geschüttet werden. Nur damit bekommt sie Kraft zum Fahren“, erklärt der Lokführer. Aha, da sind sogar ein paar Kohlen. Jakob hat sie entdeckt. Er freut sich: Heute hat er drei verschiedene Züge kennengelernt. Zugfahren ist wirklich toll!

Hast du in dieser Zugfahrtabenteuer-Geschichte diese Bilder entdeckt? Komm, lass uns suchen!

der Mann mit Hund

der Gitarrenkoffer

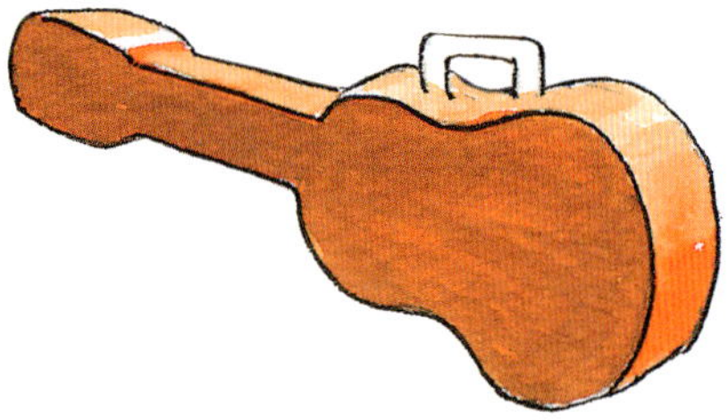

das Telefon

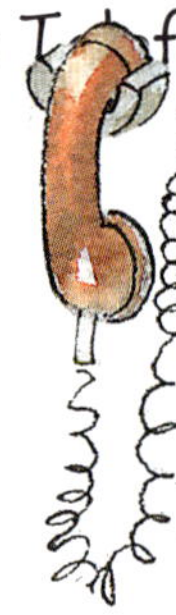

der Snack-Automat

die Uhr

die Schaffner-Mütze

die Pappbecher

der Traktor

die Tasche

das Schaf

Die erste Turnstunde

Heute geht Jakob zum Kinderturnen! Fröhlich schaut er in den Umkleideraum. Oh, hier sind aber viele Kinder! Jakob drückt sich ganz nah an Mama. „Ich ziehe dir mal deine Stoppersocken an“, sagt sie.

Er schaut den anderen Kindern beim Umkleiden zu. „Lieber barfuß“, beschließt er. Dann entdeckt er Sofie. „Hallo, Sofie!“, ruft Jakob. Sofie winkt und flitzt in die Turnhalle. „Komm!“, ruft sie.

Die Turnhalle ist riesig! Alle stellen sich um ein großes Tuch und halten es fest. Dann singen sie: „Ringel, rangel, reihe, wir sind der Kinder dreie, sitzen unterm

Hollerbusch, machen alle husch-husch-husch!“ Plötzlich sausen die Kinder unter dem Tuch hindurch. Jakob kichert und läuft mit. Das macht Spaß!

Jetzt will Jakob aber richtig turnen! Die Kinder balancieren über die Bank. Jakob auch. Balancieren kann er schon! „Über die schräge Bank auch!“, ruft Jakob begeistert. Vorsichtig krabbelt er auf allen vieren bis zum Kasten. Da staunt Mama aber, wie gut er das macht.

Dann kommt die Sprossenwand. Sofie ist ganz oben. Jakob traut sich nicht. „Ich halt dich fest“, verspricht Mama. Langsam klettert Jakob hoch. Bis zum roten Band. Das klappt gut. „Ich bin oben!“, jubelt Jakob. Und er springt – hopp – auf die dicke Matte.

Oh, was sind das denn für Seile mit Ringen? Jakob schaut zu, wie ein Junge an den Ringen von einem Kasten zum anderen schwingt. Das will Jakob auch ausprobieren.
„Achtung, ich fliege“, ruft Jakob. Er holt Schwung und fliegt …
Plumps! Er ist abgerutscht. „Aua, mein Po!“, jammert Jakob.

Mama tröstet ihn. „Wir machen eine kurze Pause“, schlägt sie vor. „Möchtest du es dann noch mal versuchen?“ Ja, das will Jakob. Aber jetzt schaut er lieber nur Sofie beim Fußballspielen zu.

Dann ist das Kinderturnen schon wieder vorbei. Schade! „Gehen wir bald wieder hierher?“, fragt Jakob, als sie wieder draußen auf dem Hof sind. Mama nickt. „Jede Woche.“

„Juchu!“, ruft Jakob. Denn Turnen macht ja so einen Spaß! Ob Mama auch noch rennen kann? „Fang mich“, ruft Jakob. Da muss Mama aber wirklich flitzen!

Hast du in dieser Turnspaß-Geschichte diese Bilder entdeckt? Komm, lass uns suchen!

der Fußball

das Hütchen
(der Markierungskegel)

der Sprungkasten

die Schuhe

die Sporttasche

der Hund

die Vögel

das Mädchen Sofie

das rote Band

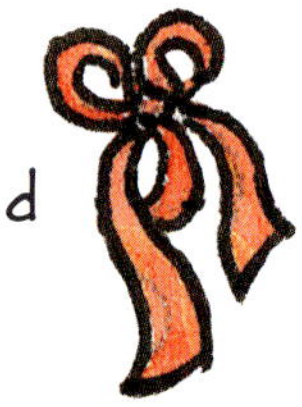

die Trinkflasche

Tschüss, Windel!

Verschlafen tappt Jakob ins Bad. „Guten Morgen!“, sagt Mama. „Hier ist dein Töpfchen.“ Aber Jakob will heute mal auf dem großen Klo sitzen. Zum Glück hat Mama einen Extrasitz für ihn. „Möchtest du nachher eine Windel?“, fragt Mama. Jakob schüttelt den Kopf. Er zieht die Nachtwindel aus und dann nur eine Unterhose an und seine blaue Lieblingshose darüber.

In seinem Kinderzimmer baut Jakob einen Bauernhof. Gleich hat er den Kuhstall fertig. Da schaut Mama zur Tür herein und fragt: „Jakob, musst du mal auf die Toilette?“ Jakob schüttelt den Kopf. „Später. Ich muss erst die Kühe füttern!“ Er baut fleißig weiter. Doch dann merkt er auf einmal, dass seine Hose ganz nass wird. „Mama!“, ruft Jakob.

„Das macht nichts“, sagt sie. „Man muss alles üben. Auch, ans Pipimachen zu denken, wenn man keine Windel umhat. Und jetzt flitz noch mal aufs Klo!“ Aber Jakob muss gar nicht mehr. Er stopft seine nassen Hosen in die Waschmaschine. Sogar die Socken haben Pipi abbekommen. Auch ab in die Waschtrommel damit. Mama sucht frische, trockene Kleidung für Jakob. Dann kann Jakob wieder weiterspielen.

Mittagszeit! Jakob kocht mit Mama Nudeln. Kater Mau schaut ihnen zu. Doch plötzlich saust der aus der Küche. Jakob sieht ihm durch die Tür nach. Kater Mau springt ins Bad. Ob er aufs Katzenklo geht? Jakob läuft hinterher. Er schaut dem Kater zu, wie er seinen Pipisee vergräbt. „Ich glaub, ich muss auch mal“, denkt Jakob.

„Mama, kommst du mal?“, ruft Jakob. Als Mama ins Bad schaut, hat er schon seine Hose bis zu den Knien hinuntergezogen. Mama hebt ihn auf den Toilettensitz. Sofort plätschert es. „Ich hab selber gemerkt, dass ich Pipi muss“, sagt Jakob. „Jetzt brauch ich nur noch Klopapier.“ Dann drückt Jakob die Spültaste und schon rauscht der Pipisee davon. So vergraben wie Kater Mau kann er sein Pipi ja nicht. „Super!“, findet Mama. „Und die Hose ist auch noch ganz trocken!“

Hast du in dieser Klo-Geschichte diese Bilder entdeckt? Komm, lass uns suchen!

die Kuh

das Pferd

der Teddy

die Handtücher

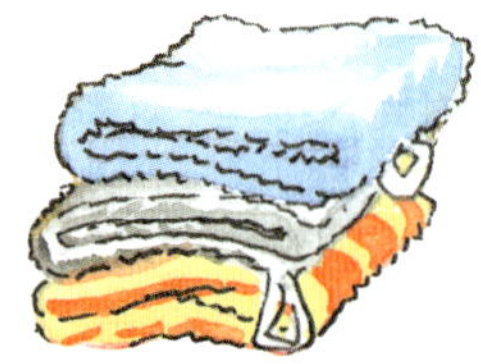

die Klobürste

die Badebürste

der Schlüssel

das Waschpulver

der Korb mit Wäscheklammern

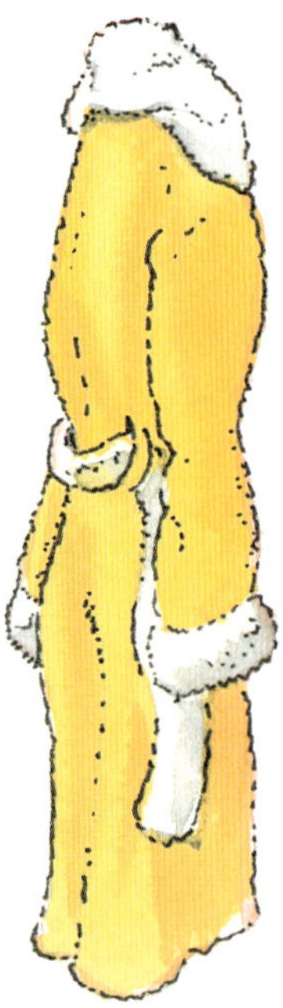

der Bademantel

das Bild

der Toilettensitz

Das neue Baby

Jakob und Leo spielen im Garten. Die Mamas trinken Kaffee. Jakob sagt: „Deine Mama hat aber einen ganz schön dicken Bauch.“ Leo lächelt: „Na, da ist ja auch ein Baby drin.“ Jakob staunt. „Warum?“
Leo erklärt, dass es miniklein wie eine Erbse war und jetzt im Bauch wächst, weil es da beschützt ist. „Und wenn es groß genug ist, kommt es raus.“ Jakob findet das sehr spannend.

Am nächsten Tag spielt Jakob es im Kindergarten nach: Er stopft sich eine Puppe unter den Pulli. Und dann – zack – wird das Baby geboren. Jetzt muss Sofie helfen: Sie hat

doch ein Baby zu Hause – was macht das denn? Sofie hält sich die Ohren zu und ruft: „Es brüüüllt!"
Oh, das ist laut.
„Aber manchmal", erklärt Sofie, „ist es auch ganz ruhig und hält deinen Finger fest."

„Mama, habe ich als Baby auch gebrüllt?“, fragt Jakob beim Mittagessen. Mama lacht. „Und wie! Du hattest eine sehr laute Stimme. Aber du hast auch viel geschlafen. Am liebsten auf Papas Arm.“ Komisch, Jakob kann sich daran gar nicht erinnern.

„Wie hab ich ausgesehen als Baby?“, fragt Jakob nach dem Essen. Conni hat eine Idee. Sie läuft sofort los und holt die Fotoalben. Gespannt schaut Jakob alle Bilder an. So klein war er mal? Aber nanu, was hat er denn auf dem kleinen Foto im Mund? „Das ist dein erster Zahn“, erklärt Papa.

Am nächsten Tag klingelt Leo an der Tür. Jakob öffnet ihm. „Das Baby ist da“, ruft Leo aufgeregt. „Es heißt Marla und ist ganz rot! Wenn sie aus dem Krankenhaus kommt, darfst du uns besuchen. Jetzt besuch ich sie aber und den Strampler schenk ich ihr. Tschüss!“ Schon flitzt Leo wieder nach Hause.

Jakob will nun auch ein Baby. Er schnappt sich Kater Mau. „Du wirst jetzt geboren“, sagt er. Aber Kater Mau will nicht unter seinen Pulli krabbeln. Na ja. Er ist ja auch kein Baby mehr.

Ein paar Tage später ist es so weit. Jakob und Mama besuchen Marla. Neugierig geht Jakob ins Wohnzimmer. Leos Mama sitzt im Sessel und drückt das Baby ganz eng an sich. „Kann ich mal sehen?“, fragt Jakob. Aber Leo zieht ihn am Ärmel: „Sie trinkt gerade Milch an Mamas Busen. Komm, wir spielen erst mal drüben!“
Jakob und Leo spielen mit den Autos.

Dann hat das Baby genug getrunken. Jakob kniet sich vorsichtig neben die Babydecke. Er lächelt. Marla schaut ihn ganz genau an. Dann wackelt sie mit den Armen und Beinen. Ganz zart streichelt Jakob ihren Kopf. „Sie ist gar nicht rot", sagt er zu Leo. Die Mamas lachen. „Rot sind Babys meistens nur nach der Geburt. Weil es doch so eng war im Bauch." Ach so. Das wusste Jakob nicht. Jetzt sieht Marla hübsch aus. Aber …
„Sie riecht ja nicht so gut", findet Jakob.

Kein Wunder, sie hat die Windel vollgemacht!
Jakob und Leo schauen zu, wie Marla gewickelt wird. Leo gibt seiner Mama eine neue Windel. Marla schreit. Sicher mag sie keine kalte Luft am Po. Jakob zieht an der Spieluhr. „Schlaf, Kindchen, schlaf." Jakob singt mit. Aber Marla schreit weiter.
„Kann sie bald krabbeln?", will Jakob wissen.
„Nein, das dauert noch sehr lange", erklärt Leos Mama.
Jakob seufzt. „Kann man denn gar nichts mit ihr machen?", fragt er.
„Doch", ruft Leo. „Komm mit!"

Ja wirklich, man kann doch etwas mit Marla machen: sie im Kinderwagen herumfahren! Jakob und Leo schieben den Wagen schön langsam durch den Park. Marla hat aufgehört zu schreien. „Es gefällt ihr“, glaubt Jakob. Leo nickt. „Aber jetzt wollen wir rutschen, oder?“ Na klar. Schieben können jetzt mal die Mamas.

„Mama, kriegen wir auch noch ein Baby?", fragt Jakob abends vorm Einschlafen. Mama schüttelt den Kopf. „Ich glaube nicht. Möchtest du gern eins?" Jakob überlegt. Dann meint er: „Nee, ich hab lieber Conni. Außerdem hab ich ja Marla, wo ich immer hingehen kann." Das findet Mama auch. Sie deckt Jakob zu und singt ihm sein Lieblingsschlaflied vor. Das ist nämlich auch für große Kinder schön.

Hast du in dieser Baby-Geschichte diese Bilder entdeckt?

Komm, lass uns suchen!

der Greifling

die Teekanne

die Hausschuhe

das Auto

der Schnuller

das Kuscheltier
(„Schlappohr“)

der Ball

die Schmetterlinge

das Kaninchen

das Bild

der Mülleimer

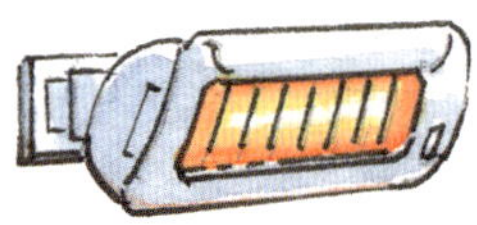

die Wärmelampe

der Drache

der Hubschrauber

die Bauklötze

die Mütze

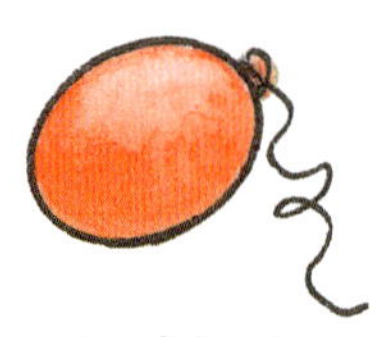

der Luftballon

Autsch!

Jakob und Leo spielen Ritter. Sie greifen gerade Mikas Burg an. „Her mit dem Schatz!“, sagt Jakob und schiebt sein Pferd über die Zugbrücke. Mika macht schnell die Brücke zu. Doch leider ist Jakobs Finger noch dazwischen. „Aua! Du Blöder!“, ruft Jakob erschrocken. Er schaut auf seinen Finger: Es blutet! Und jetzt tut es auch weh.

Zum Glück ist Hanne gleich da. Sie tröstet Jakob und wickelt ein Taschentuch um seinen Finger.

Alle Kinder spielen draußen. Nur Jakob sitzt still auf der Bank. Sein Finger tut immer noch weh. Leo pustet. Da kommt Mika. Leo steht auf und ruft: „Du bist blöd! Geh weg!“ Aber Mika bleibt einfach stehen. Es tut ihm leid, dass Jakobs Finger wehtut.

Jetzt kommt Hanne. Sie hat ein Pflaster mitgebracht. Jakob seufzt erleichtert. „Ja“, flüstert er. „Das hilft bestimmt.“ Aber plötzlich schüttelt er den Kopf. Er will das Pflaster nicht! Hanne staunt. „Warum möchtest du das Pflaster denn nicht?“

Mika greift in seine Jackentasche. „Weil das eins für Babys ist“, sagt er. Dann gibt er Jakob ein anderes Pflaster. Da ist ein Fußball drauf! „Willst du das?“, fragt Mika. Jakob freut sich. „Na klar“, sagt er. „Ich bin ja schon fast drei Jahre alt!“ Er klebt das Pflaster auf seinen Finger. Jetzt ist es viel besser.

Am Nachmittag fährt Jakob mit Mama zu den Turnkindern. Wie gut, dass er mit dem kaputten Finger noch turnen kann! „Hallo, Sofie“, sagt Jakob. Oh, Sofie hat etwas Weißes am Arm! „Ist das ein Riesenpflaster?“, fragt Jakob. Sofie schüttelt den Kopf. „Nein, das ist ein Verband!“ Sofie hat sich kräftig gestoßen und muss jetzt den Arm still halten. Der Verband hilft dabei. Zugucken will sie trotzdem.

Jakob flitzt los. Schlappohr lässt er bei Sofie.
Der kann sie trösten. „Schau mal, Sofie!“, ruft Jakob und springt vom hohen Kasten.
Dann macht er Purzelbäume. Doch oje, da steht der Kasten! Jakob stößt sich den Kopf. „Autsch!“

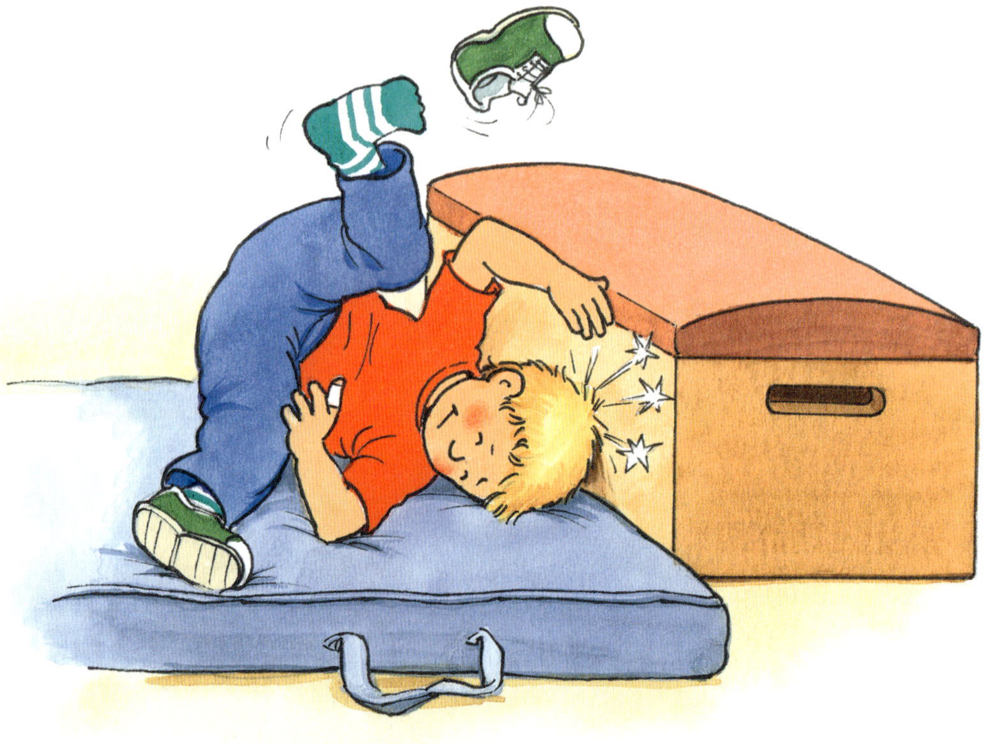

Mama bringt ihn zur Bank. Dann holt sie einen kalten Lappen. Jakob entdeckt Pflaster in ihrer Tasche. „Schau mal, Sofie!“, flüstert er. Schnell klebt er sich eins auf die Beule, mitten ins Haar. Sofie lacht. Jakob klebt ihr auch ein paar bunte Pflaster auf den weißen Verband. So sieht er viel schöner aus!

Oje, das Pflaster im Haar war keine gute Idee! Als Jakob es zu Hause herausziehen will, tut es scheußlich weh.

Mama muss ein paar Haare mit abschneiden, um es abzumachen. „Blödes Pflaster!“, findet Jakob und reibt sich den Kopf. Zum Glück ist die Beule schon wieder weg. Nun will Mama auch das Pflaster vom Finger abziehen. „Nein!“, ruft Jakob und hält den Finger schnell hinter seinen Rücken. „Es tut noch weh!“

Am nächsten Tag passt Jakob gut auf seinen Finger auf. Beim Kneten, Essen und im Sandkasten hebt er ihn immer hoch.

Schmutzig wird das Pflaster trotzdem. Und dreckig auch. Ob man ein Pflaster waschen kann? Jakob versucht es. Aber es wird überhaupt nicht sauber. „Kann ich mal unter das Pflaster sehen?“, fragt Leo. Nein, das geht nicht. „Das braucht noch, bis das heil ist!“, meint Jakob.

„Schau mal, Jakob!“, ruft Sofie am nächsten Morgen. Ihr Verband ist ab! „Mein Arm ist gesund“, erklärt Sofie. Jakob staunt. Der Arm sieht ganz heil aus! Jetzt will auch er sein Pflaster abmachen. Er knibbelt ein bisschen daran - aber das ziept! „Du musst es ganz schnell abreißen“, rät Mika ihm. Aber das will Jakob nicht. Er pult es lieber langsam herunter. So geht es auch.

Autsch!

Unterm Pflaster sieht es gut aus. Der Ritz ist nur noch ganz klein. Wo das Pflaster klebte, ist die Haut hell und ein bisschen rot. Aber das tut nicht weh. „Willst du ein neues Pflaster?“, fragt Hanne.

Jakob schüttelt den Kopf. „Nö, brauch ich nicht mehr“, sagt er. Obwohl – die Pflaster sind lustig! „Ich möchte doch eins“, sagt er schnell. „Schlappohr hat nämlich einen Knick im Ohr. Den müssen wir dringend verarzten, oder?“ Sofie, Mika und Leo nicken. Wie gut, dass es Pflaster gibt!

Hast du in dieser Tapfersein-Geschichte diese Bilder entdeckt? Komm, lass uns suchen!

der Fußball

der Radiergummi

die Kugelbahn

das Pflaster

der Eimer

das Thermometer

das Kastanienmännchen

das Ballnetz

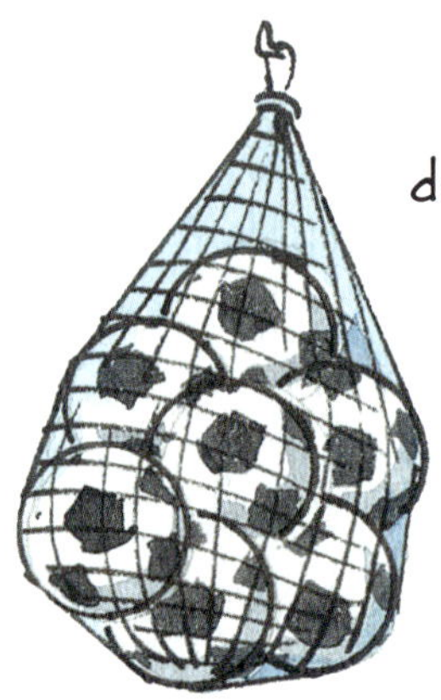

die Spielfigur

der Mülleimer

die Straßenkreide

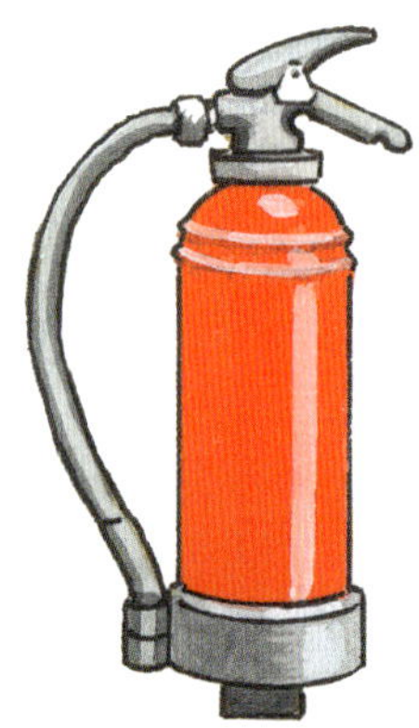

der Feuerlöscher

Wer hat Angst im Dunkeln?

Jakob hat mit Leo eine Höhle gebaut. Wild sieht sie aus. Eine richtige Räuberhöhle. Leo und Jakob kriechen hinein. „Oh, das ist aber sehr dunkel", findet Leo. Er gruselt sich ein bisschen. Zum Glück hat Jakob eine Taschenlampe. „Wir sind doch Räuber, die sich verstecken müssen", flüstert Jakob. Er findet es toll hier drin!

Da springt jemand durch den Eingang und schreit: „Buh!“ Jakob und Leo erschrecken. Ach, es ist Mika! Jakob kichert. Leo krabbelt rasch aus der Höhle. „Ich mag das nicht, wenn es so finster ist“, sagt er.

Mika trommelt sich auf die Brust. „Ich hab nicht mal Angst in der Nacht!“ Da staunt Jakob. „Auch nicht, wenn du allein bist?“, fragt er.

„In meinem Zimmer? Nee!“, sagt Mika. Jakob staunt. Mika ist ganz schön mutig.

Gemeinsam reparieren sie den Eingang. Diesmal bekommt Leo die Taschenlampe.

Am Nachmittag besucht Leo Jakob. Sie wollen gleich wieder eine Höhle bauen und schleppen Decken und alte Kartons in Jakobs Zimmer. Sogar Conni hilft mit. Es wird eine Superhöhle. Leo hat eine Stirnlampe mitgebracht, damit er sich nicht fürchten muss. Jakob schnappt sich eine Decke und versteckt sich darunter: „Jetzt bin ich ein Gespenst“, ruft er. Leo lacht. Doch ein Tuch über seinem Kopf möchte er lieber nicht.

Nun gibt es Saft und Gurkenbrote im Garten. Jakob und Leo futtern los. Im Dunkeln spielen macht hungrig! Plötzlich ist der Apfelsaft alle. Papa fragt: „Jakob, holst du bitte neuen Saft aus dem Keller?“ Na klar macht Jakob das. Er nimmt Leo mit.

Mitten auf der Treppe bleibt Leo stehen. „Es ist so dunkel“, sagt er. Das stimmt.

Aber Jakob macht einfach Licht an. Nun ist es nicht mehr gruselig.

Abends im Bett findet Jakob es gar nicht lustig im Dunkeln. Huch – hat sich da gerade etwas in der Höhle bewegt? „Mama!“, ruft Jakob aufgeregt. Mama hört ihn nicht. Aber da kommt Conni herein. „Conni, da ist ein Gespenst in der Höhle“, flüstert Jakob. Wie gut, dass Conni so mutig ist – sie schaut einfach nach. Kater Mau kriecht heraus. „Miau!“, maunzt der Kater.

„Ein Gespenst, das miaut!“, kichert Conni. Doch Jakobs Herz pocht immer noch ganz schnell. „Kannst du bei mir bleiben?“, fragt er. Ja, Conni kuschelt sich zu ihm.

Am nächsten Morgen wacht Jakob auf, weil er keine Decke hat. Connis Arm liegt auf seinem Gesicht. Der ist schwer! Außerdem ist Jakob richtig eingequetscht. „Im Dunkeln ist es gut zu zweit, aber zum Schlafen ist es zu eng“, findet er. „Und zu heiß“, meint Conni. Sie ist ganz verschwitzt. „Aber ich mag nicht im Dunkeln alleine einschlafen!“, seufzt Jakob.

Conni und Jakob überlegen, was sie machen können. Jakob hat doch immer so tolle Ideen! Und ihm fällt auch gleich etwas ein.
Er schleppt seine Taschenlampe in die dunkle Höhle. Hm, das ist zu hell zum Einschlafen.

Jakob holt seine Laterne.
Auch zu hell.
Dann bringt Conni ihr altes Nachtlicht in die Höhle.
Oh, das geht prima!

„Manchmal knackt es abends auch komisch“, sagt Jakob. Jetzt hat Conni eine Idee. Sie holt Papas riesige Lärmschützer. Conni kichert. Jakob sieht aus wie ein Marsmensch!
„Aber dann höre ich ja gar nichts mehr“, sagt Jakob. „Ganz, ganz still ist auch gruselig.“ Nun weiß Conni auch nicht

weiter.

Abends beim Abendbrot singt Mama. Das findet Jakob schön. Und dann fällt ihm etwas ein: „Mama, wenn du singst, wird mir ganz wohl im Bauch. Dann ist das Knacken nicht schlimm. Kannst du abends singen, dass ich dich von überall in der Wohnung höre?“ Das findet Mama eine tolle Idee.

„Heute hab ich bestimmt keine Angst im Dunkeln“, sagt Jakob glücklich. „Ich bin ja auch schon fast drei.“ Rasch zieht Jakob sich um, putzt seine Zähne und sucht

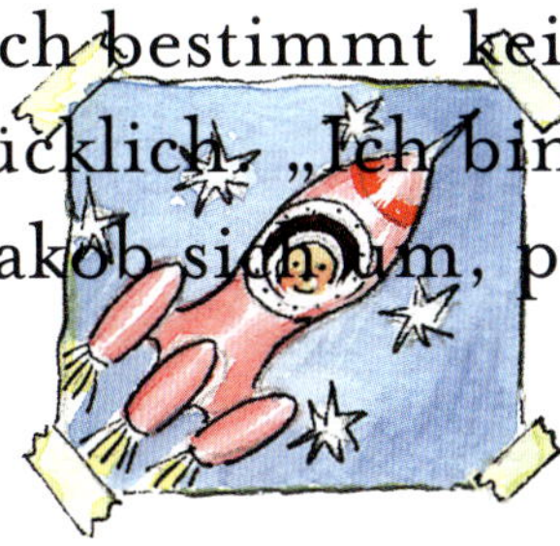

nach Schlappohr. Dann stellt er das kleine Nachtlicht auf und kriecht ins Bett. Es kann losgehen!

Hast du in dieser Mut-Geschichte diese Bilder entdeckt?

Komm, lass uns suchen!

der Topf

die Taschenlampe

die Spielzeugkiste

die Unterhose

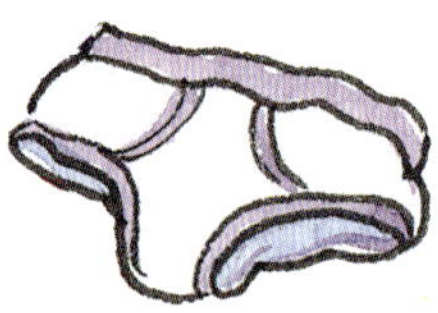

das Puzzle

der Teller mit Brot

das Bild

das Käppi

der Schmetterling

das Nachtlicht